LES

BAISERS D'ALENTOUR

COMÉDIE EN UN ACTE

PAR

JULES NORIAC

PARIS
MICHEL LÉVY FRÈRES, ÉDITEURS
RUE AUBER, 3, PLACE DE L'OPÉRA

LIBRAIRIE NOUVELLE
BOULEVARD DES ITALIENS, 15, AU COIN DE LA RUE DE GRAMMONT

MDCCCLXXII

LES

BAISERS D'ALENTOUR

PIÈCE

Représentée pour la première fois sur le THÉATRE DES BOUFFES-PARISIENS
le 20 mai 1870.

CLICHY. — Imp. P. DUPONT et Cie, rue du Bac-d'Asnières, 12.

LES BAISERS D'ALENTOUR

PIÈCE EN UN ACTE

PAR

JULES NORIAC

PARIS
MICHEL LÉVY FRÈRES, ÉDITEURS
RUE AUBER, 3, PLACE DE L'OPÉRA

LIBRAIRIE NOUVELLE
BOULEVARD DES ITALIENS, 15, AU COIN DE LA RUE DE GRAMMONT

1872

PERSONNAGE

LISE, jeune fleuriste.................. Mme C. CHAUMONT.

LES

BAISERS D'ALENTOUR

Le théâtre représente un atelier de fleuriste avec portes et fenêtres au fond, une table à tiroir chargée des ustensiles nécessaires pour fabriquer des fleurs.

SCÈNE UNIQUE.

LISE.

Elle entre par le fond et parle à quelqu'un qui a dû l'accompagner jusqu'à la porte.

Non, merci, c'est impossible... certainement que c'est gentil de se promener; mais... Oh! Je sais bien, les arbres sont en fleurs... les oiseaux chantent, à qui le dites-vous?

J'en rêve la nuit... Vous laisser entrer ici? Ah! non, par exemple! Quand grand'mère est là, je ne dis pas.—Encore un peu de patience, le grand jour arrive, vous serez chez vous; mais d'ici-là... si je vous aime? Attendez un peu (Elle ferme la porte et pousse le verrou.—Criant.) Je crois que oui. Pauvre garçon! il me remercie... il n'y a pas de quoi. (Se regardant dans une glace.) Mais si, il y a de quoi... Eh bien, mademoiselle, que marmottez-vous là? Bath! je suis seule, je n'ai pas besoin d'être modeste; d'ailleurs, puisqu'il m'aime! Ne suis-je pas pour lui la plus jolie de toutes les jeunes filles de France et du quartier! Cela aurait été bien amusant d'aller flanotter au bois de Vincennes. (Elle s'assied et travaille.) Voilà que je soupire, maintenant, comme si le travail me faisait peur. Ce n'est pas bien. C'est si bon, le travail! C'est si bon de pouvoir se dire : J'ai vingt ans, je ne suis pas trop mal; si je voulais, je pourrais comme tant d'autres... Eh bien, non! Je suis une brave et vaillante jeune fille; je puis chanter haut, marcher la tête droite, et même entrer à l'église, le matin, en allant porter mon ouvrage, et prier un peu, sans que le bedeau trouve ça original. C'est bien quelque chose. Mon petit métier est si gentil, si propre! Je n'aurais pas aimé à être blanchisseuse; on est toujours dans l'eau. Nous parlions de ça, justement hier, et il me disait, *lui* : — Mais savez-vous, Lisette, que vous êtes une véritable artiste! Faire de belles fleurs, aux couleurs brillantes, c'est de l'art!

Grand'mère a demandé :

— Qu'est-ce que c'est ça, l'art?

Il a répondu :

— L'art, c'est la permission que le bon Dieu donne à ceux qu'il aime d'imiter ce qu'il a fait de plus beau.

Il a bien de l'esprit, tout de même; grand'mère a été très-contente... moi, aussi. Quand il a été parti, je croyais le moment favorable pour toucher un mot de notre projet; ma n'avais pas plus tôt parlé de mariage que grand'mère n'était plus contente du tout. Elle est entêtée, grand'mère... Elle a son idée, elle n'en démord pas ; et toujours le même refrain : — Que te manque-t-il, pour être heureuse, ma fille ? Moi, je réponds que je ne sais pas... Oh ! alors, la voilà partie : « Les hommes par ci, les hommes par là... » Brrrr !... ça vous donne froid dans le dos tout ce qu'elle raconte. Et pourtant... Bon ! où est mon vermillon ? C'est ça qui ne serait pas drôle, si je n'avais plus de vermillon pour mes coquelicots ! Je serais obligée de mettre du rouge. Le rouge fait bien le jour, mais aux lumières, ça paraît noir. Ah ! voici mon vermillon !... Certes, je ne voudrais pas désobliger grand'mère ;... c'est elle qui m'a élevée. Puis elle est si vieille !... D'ailleurs elle a bien raison : il ne me manque rien... rien, rien... Il attendra, s'il veut ; c'est là que je verrai s'il m'aime... Où sont mes pétales ? Les voici.... mes feuilles ? les voilà. Les tiges, les calices, tout y est. (Soupirant.) Allons, grand'mère a raison ; il ne me manque rien, rien... (Bruits de baisers à droite.) Hein, qu'est-ce que c'est que ça ?... Rien... (Baisers.) Si, je sais ce que c'est. (Elle s'appuie sur sa chaise.) Dame, ils s'aiment ; ils ont raison. Baisers.) Mais c'est égal, c'est agaçant. (Baisers.) Encore ?... Ils sont heureux,... des nouveaux mariés, c'est bien naturel. (Baisers.) Ils s'adorent. (Baisers.) La petite femme est très-gentille ; le mari n'est pas si bien ; pourtant il n'est pas mal. (Écoutant.) Ah ! il va sortir ; il reporte de l'ouvrage. Il paraît que c'est très-pressé... Les adieux vont recommencer. (Baisers.) Qu'est-ce que je disais ? (Baisers quatre fois.) Oh ! vrai, c'est agaçant ! (Elle va à gauche.—Baisers de gauche.) Là, aussi ! Oh ! c'est trop fort ! et je vais... (Elle prend un petit marteau et va pour frapper.) Qu'allais-je faire ? Est-ce que le bonheur des autres me rendrait jalouse et méchante ? Ce serait mal, braves gens ! Ils ont bien le droit de s'aimer ; ils sont si pauvres ! Quand on est fâché, on a bien autre chose à penser... Mais quand il faut aller à l'atelier, et qu'on n'a qu'une heure à dépenser, à midi, on aime bien à ne pas perdre son temps. (Baisers.) Il fait chaud, ici... très-chaud... (Baisers.) J'étouffe... (Elle va ouvrir la porte au fond : bruits de baisers.) Oh! pour le coup, c'est trop fort! Je donnerai congé... C'est donc bien mauvais de voir les autres heureux, que cela nous rend méchants! Voyez-vous mademoiselle l'Égoïste! Puis, qu'ai-je besoin d'ouvrir la porte! n'ai-je pas la fenêtre?... (Elle ouvre la fenêtre. — Oiseaux. — Elle la referme tristement.) Les oiseaux aussi! Tout le monde s'est donné le mot. Allons, ma bonne fille, patience et courage. (Elle s'assied.) Toujours faire des coquelicots, c'est navrant. Autrefois, il n'y avait que les brunes qui portaient ces horreurs-là; maintenant, les blondes ne se refusent plus rien... Enfin... Où est mon fil? (Avec éclat.) Je savais bien qu'il me manquait quelque chose! Si j'en empruntais à ma voisine? (Baissant les yeux.) Ah non! Tant pis pour les coquelicots de ma patronne, je vais travailler pour moi. (Elle sort du tiroir une parure de fleurs d'oranger.) Pauvre chère petite couronne, je l'avais commencée avec tant de plaisir!.. On a beau dire, c'est joli, la fleur d'oranger; ça va aux brunes et aux blondes... Une couronne blanche, ça vous donne tout de suite un petit air de reine, reine d'un jour, c'est vrai; la royauté passe, mais le roi reste... Je vais la finir; ça n'engage à rien... Si grand'mère se ravisait, ma couronne serait toute prête... Ça va être amusant de travailler à ça... S'il était là, c'est *lui* qui serait content. Ah! mais j'oubliais que je n'avais pas de fil; quel ennui! Il faut pourtant que je m'occupe; je ne peux pas rester ainsi les bras croisés à écouter leurs chansons d'amour. (Bruit et cris à droite.) Ah! mon Dieu! qu'est-ce que cela? (Elle écoute.) Je sais ce que c'est... le mari est jaloux... Oh! c'est indigne! Il ne veut pas qu'elle se mette à sa fenêtre... En voilà une bizarrerie, par exemple! C'est moi qui ne souffrirais pas cela, vraiment! Ah! mon Dieu! i cherche partout, il renverse les meubles, il fouille dans les tiroirs. (Criant.) Puisqu'elle vous dit qu'elle vous aime, qu'elle ne vous trompe pas; c'est bien simple, cependant!... Bon, de quoi je vais me mêler? Oh! il a trouvé ce qu'il cherchait! Ce sont des vers!... Quelle imprudence!... Pauvre petite femme, elle est perdue!... Non, c'est une romance! *Le Chapeau de la Marguerite.* Ce n'est pas dangereux. J'étais tremblante!... Ah! il lui fait des excuses, maintenant!... Oh! les hommes... (Baisers.) La petite femme pardonne... (Baisers.) Tout est fini; les voilà heureux... Ah! ah! cric! crac! (Bruit de verrous. (Elle passe de l'autre côté.) Il enferme sa femme! La voilà sous clé!... Grand Dieu! ce que c'est que de nous!... Pauvre femme! en voilà une qui doit être malheureuse!... J'avoue que si tous les hommes étaient comme celui-là, je serais de l'avis de grand'mère. Heureusement, ils sont rares, ces maris-là!... (Bruit et rumeurs à gauche.) Aux autres, maintenant! La maison a été mordue, ce n'est pas Dieu possible!... Qu'est-ce qu'il y a? (Écoutant). Ah! mon Dieu! il est fou! Il veut allumer sa pipe à la pendule! En voilà une idée!... Ah! je devine! le cabaret a fait des siennes... Oh! mais il est entêté!...(Répétant.) Je te dis que je veux allumer ma pipe à la pendule... A qui qu'elle est, c'te pipe? A qui qu'elle est, c'te pendule?... Peut-on se mettre dans un pareil état!...Oh! le vilain mari! il a donné un soufflet à sa femme!... Deux mauvais ménages sur trois, c'est beaucoup. On a bien raison de dire que le mariage est une loterie. (Bruit au fond.) Ah! mon Dieu! Non!... Il paraît qu'à tout coup l'on perd... Mais je ne me trompe pas... des sanglots... que se passe-t-il?... Je tremble de tout mon cœur... (Elle va à la porte et regarde par la serrure.) Oh! c'est indigne!... Celui-là est jaloux, l'autre est ivrogne; celui-ci est joueur. (Elle ouvre la porte.) Pauvre femme, elle attendrirait un rocher! Elle le prie, elle le supplie de ne pas emporter le dernier argent qui lui reste pour ses enfants il hausse les épaules... A quoi servent donc les sergents de ville?... Ah! elle va prendre son bébé!... Qu'il est gentil!... Elle se met en travers de la porte... Que va-t-il dire? « J'ai perdu, je veux me rattraper. » Oh! il la repousse... Oh! le lâche!... Il part... c'est infâme... Mon Dieu! mon Dieu!.. Allons, il ne s'agit pas de faire des gémissements; j'ai là ma petite bourse. (Elle cherche dans le tiroir et y prend son argent.) Mes pauvres quatorze francs, j'avais eu tant de peine à les amasser!... Allons, pas de regrets! Les voici... Une pièce de dix francs en or, une pièce de quarante sous du pape, et une de je ne sais qui... C'est cela. (Allant à la porte.) Madame Gilbert! Madame!... Oui, vous!... Tenez cela pour vos bébés... Mais oui, j'ai entendu... Oh! n'ayez pas peur, personne ne le saura!... Prenez, je vous en prie... Ne me remerciez pas... vous me rendrez ça?—Mais j'y compte bien!... Eh bien, oui, je suis un ange, c'est entendu... à revoir!... (Fermant la porte.) Pauvre femme! Oh! cela donne à réfléchir!... (Elle ouvre la fenêtre.) Tiens, les pierrots qui se battent!... c'est étrange!... Voulez-vous bien aller vous battre plus loin, effrontés!... (Elle les chasse avec son mouchoir.) Je comprends, il y avait deux pierrettes... En voilà un moineau! (Elle va s'asseoir.) En vérité, je ne sais plus où j'en suis; depuis une heure, j'ai vieilli de dix ans... Si j'avais des cheveux blancs?... (Se regardant.) Non. C'est heureux... Je regrette de n'avoir pas été me promener... Peut-être vaut-il mieux que je sois restée... (Regardant à terre.) Tiens, mon fil!... Allons, grand'mère a raison : il ne me manque rien. (Remettant lentement la couronne d'oranger.) Jaloux... ivrogne... joueur... infidèle... Poussant le tiroir.) Je vais faire mes coquelicots...

Elle fredonne.

C'est une devinette.
Voyons donc qui devinera.

Landerirette,
Ce que la belle dénicha,
Landerira.

FIN

CLICHY. — Imp. P. DUPONT, rue du Bac-d'Asnières, 12.

www.ingramcontent.com/pod-product-compliance
Lightning Source LLC
LaVergne TN
LVHW012022170826
845678LV00004BA/1598

* 9 7 8 2 3 2 9 6 2 5 6 3 8 *